MW00914975

Comprender la importancia de las notas

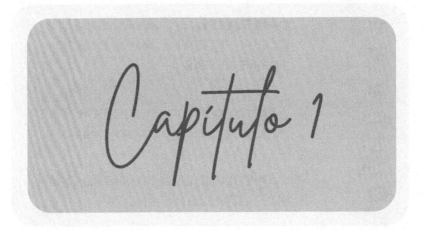

Como RBT, las notas que toma son un componente fundamental de su trabajo. Tienen múltiples propósitos, garantizando la más alta calidad de atención para sus clientes y manteniendo los estándares profesionales dentro de su práctica.

Exploremos estos propósitos clave en detalle:

Garantizar la continuidad de la atención

Sus notas brindan información esencial que permite a otros miembros del equipo comprender las intervenciones y el progreso de los clientes con los que trabaja.

Esta continuidad es vital por varias razones:

Coherencia en el tratamiento: cuando los miembros del equipo tienen acceso a notas detalladas, pueden mantener la coherencia en la aplicación de las intervenciones, asegurando que los clientes reciban el mismo enfoque independientemente de quién esté trabajando con ellos.

Toma de decisiones informada: las notas brindan una visión integral del historial y el progreso del cliente, lo que permite tomar decisiones informadas sobre futuras intervenciones y ajustes.

Colaboración: la colaboración eficaz entre los miembros del equipo se facilita cuando todos tienen acceso a notas actualizadas y precisas. Esto ayuda a desarrollar estrategias coherentes para la atención del cliente.

Seguimiento del progreso

Las notas detalladas ayudan a monitorear la efectividad de las intervenciones y a realizar los ajustes necesarios.

Este aspecto de la toma de notas es crucial para:

Logro de objetivos: al documentar periódicamente el progreso, puede realizar un seguimiento de los logros del cliente hacia sus objetivos e identificar áreas que necesitan más atención.

Recopilación de datos: Las notas sirven como una forma de recopilación de datos, lo cual es esencial para analizar tendencias y patrones en el comportamiento del cliente y la respuesta a las intervenciones.

Ajuste de estrategias: con un registro claro de lo que funciona y lo que no, puede ajustar sus estrategias para satisfacer mejor las necesidades del cliente y mejorar la efectividad de sus intervenciones.

Documentación Legal y Ética

Las notas precisas son un registro legal de los servicios prestados y pueden ser fundamentales en revisiones legales o de cumplimiento.

He aquí por qué esto es importante:

Cumplimiento: garantizar que sus notas sean exhaustivas y precisas lo ayuda a cumplir con los estándares legales y profesionales, protegiéndolo tanto a usted como a su organización.

Responsabilidad: Notes proporciona un registro transparente de su trabajo, lo que garantiza que usted sea responsable de los servicios que brinda.

Protección: En casos de disputas o consultas legales, notas bien documentadas pueden servir como evidencia de la atención y las intervenciones brindadas, protegiéndolo de posibles responsabilidades.

Al comprender la importancia multifacética de tomar notas detalladas y precisas, puede contribuir significativamente a la calidad de la atención brindada a sus clientes. Recuerde, sus notas son más que un simple registro: son una herramienta de comunicación, seguimiento del progreso, documentación legal y para garantizar la continuidad de la atención.

Pautas y confidencialidad de HIPAA

Capítulo 2

La Ley de Responsabilidad y Portabilidad del Seguro Médico (HIPAA) establece el estándar para proteger la información confidencial del paciente. Como RBT, cumplir con las pautas de HIPAA no es solo una obligación legal, sino también una parte crucial para mantener la confianza y el profesionalismo en su práctica. Este capítulo lo guiará a través de los aspectos esenciales del cumplimiento y la confidencialidad de HIPAA en su proceso de toma de notas.

Mantener la confidencialidad

Las notas precisas son un registro legal de los servicios prestados y pueden ser fundamentales en revisiones legales o de cumplimiento.

He aquí por qué esto es importante:

Mantener la confidencialidad de sus clientes es primordial.

Esto involucra:

Protección de la identidad del cliente: utilice siempre iniciales, códigos u otros marcadores no identificables al documentar notas. Esto garantiza que incluso si las notas son vistas por personas no autorizadas, la identidad del cliente permanece protegida.

Minimizar la información identificable: incluya únicamente la información que sea necesaria para la atención del cliente. Evite el uso de nombres completos, direcciones u otros detalles identificables que no sean esenciales para la documentación de intervención.

Discusiones confidenciales: asegúrese de que cualquier discusión sobre los clientes se lleve a cabo en entornos privados para evitar que personas no autorizadas escuchen información confidencial.

Garantizar la seguridad de las notas

La seguridad de sus notas es fundamental para evitar el acceso no autorizado y las violaciones de la confidencialidad.

Para garantizar la seguridad de sus notas:

Seguridad física: si guarda notas físicas, guárdelas en un gabinete cerrado con llave o en un área segura a la que solo pueda acceder el personal autorizado.

Seguridad digital: para notas digitales, utilice archivos protegidos con contraseña o software seguro diseñado para administrar información confidencial. Asegúrese de que su computadora y cualquier dispositivo utilizado para tomar notas también estén protegidos con contraseña.

Control de acceso: Limite el acceso a las notas solo a quienes lo necesiten para la atención del cliente. Esto incluye supervisores, otros RBT involucrados en la atención del cliente y personal administrativo autorizado.

Incluir sólo información relevante

Al documentar notas, es importante centrarse en la información que sea relevante para la atención y el progreso del cliente.

Esto involucra:

Relevancia para la atención: asegúrese de que cada pieza de información que incluya en sus notas esté directamente relacionada con las intervenciones y el progreso del cliente. Evite detalles personales innecesarios que no contribuyan a su cuidado.

Concisión: Sea conciso y vaya al grano. Las notas detalladas son importantes, pero no deben estar repletas de información irrelevante. Esto ayuda a mantener la claridad y el enfoque en su documentación.

Lenguaje objetivo: utilice un lenguaje objetivo y fáctico en lugar de opiniones subjetivas. Esto garantiza que las notas sean profesionales y se centren en comportamientos y resultados observables.

Mejores prácticas para el cumplimiento de HIPAA

Para asegurarse de cumplir plenamente con las pautas de HIPAA, siga estas mejores prácticas:

Capacitación periódica: manténgase actualizado con capacitación periódica sobre las pautas de HIPAA y las prácticas de confidencialidad. Esto le ayuda a mantenerse informado sobre cualquier cambio o actualización de las regulaciones.

Auditoría y revisión: Audite periódicamente sus prácticas de toma de notas y revíselas con sus supervisores para garantizar el cumplimiento. Esto también brinda una oportunidad para la mejora continua.

Informar violaciones: si sospecha de una violación de la confidencialidad, infórmelo inmediatamente a su supervisor o al responsable de cumplimiento designado en su organización. La presentación de informes oportunos puede ayudar a mitigar cualquier daño potencial.

Al adherirse a las pautas de HIPAA y mantener una estricta confidencialidad, no solo cumple con los requisitos legales sino que también mantiene la confianza y la integridad esenciales en su función como RBT. Proteger la información confidencial de sus clientes es una parte fundamental para brindar una atención ética y profesional.

Puntualidad en la presentación de notas

Capítulo 3

Enviar notas dentro de un plazo específico es crucial por varias razones. La presentación oportuna de notas garantiza la precisión, el cumplimiento de las políticas organizativas y la continuidad de la atención. En este capítulo, exploraremos por qué es importante enviar sus notas con prontitud y cómo esta práctica lo beneficia tanto a usted como a sus clientes.

Exactitud

Enviar notas dentro de las 72 horas garantiza que la información esté fresca en su memoria, lo que genera una documentación más precisa y detallada.

He aquí por qué esto es importante:

Retención de detalles: cuando documenta sus notas poco después de una sesión, es más probable que recuerde detalles y matices específicos de las intervenciones y las respuestas del cliente. Esto conduce a notas más ricas y completas.

Errores reducidos: cuanto más espere para escribir sus notas, mayor será la probabilidad de olvidar detalles importantes o introducir errores. La documentación oportuna minimiza estos riesgos y mejora la calidad de sus registros.

Coherencia: enviar notas con regularidad y de manera oportuna lo ayuda a desarrollar un hábito de documentación consistente, lo cual es beneficioso para mantener altos estándares en su práctica.

Cumplimiento

Muchas organizaciones tienen políticas que exigen que las notas se envíen dentro de un período determinado. Esto puede variar, pero 72 horas es un estándar común.

El cumplimiento de estas políticas es importante por varias razones:

Estándares organizacionales: Cumplir con el plazo especificado demuestra su compromiso con los estándares y políticas de la organización. Esto ayuda a mantener un alto nivel de profesionalismo y confiabilidad.

Requisitos reglamentarios: algunos organismos reguladores pueden tener directrices sobre la puntualidad de la documentación. Al seguir las políticas de su organización, se asegura de cumplir también con las regulaciones pertinentes.

Evaluación de desempeño: la presentación oportuna de notas puede ser un factor en sus evaluaciones de desempeño.

Demostrar que puede enviar documentación confiable, precisa y rápida puede impactar positivamente su reputación profesional y su avance profesional.

Continuidad

La presentación oportuna garantiza que otros miembros del equipo tengan información actualizada para continuar con una intervención eficaz.

Esto es crucial para:

Trabajo en equipo eficaz: en un entorno colaborativo, tener la información más reciente permite que todos los miembros del equipo estén en sintonía. Esto facilita transiciones fluidas entre sesiones y mejora la calidad general de la atención.

Progreso del cliente: la documentación oportuna garantiza que cualquier cambio en el comportamiento o progreso del cliente se comunique rápidamente al equipo. Esto permite realizar ajustes rápidos en las intervenciones, mejorando el progreso del cliente.

Toma de decisiones informada: los supervisores y otros profesionales confían en sus notas para tomar decisiones informadas sobre el plan de atención del cliente. El envío rápido garantiza que tengan la información más precisa y actualizada disponible.

Mejores prácticas para la presentación oportuna de notas

Para asegurarse de enviar sus notas a tiempo y de manera consistente, considere las siguientes mejores prácticas:

Establecer recordatorios: use recordatorios digitales o alarmas para solicitarle que escriba y envíe sus notas dentro del período de tiempo especificado.

Priorice la documentación: haga de la toma de notas una prioridad inmediatamente después de cada sesión. Dedique tiempo a la documentación para asegurarse de que se realice con prontitud.

Utilice herramientas eficientes: utilice herramientas y software que agilicen el proceso de documentación. Las plantillas y las aplicaciones para tomar notas digitales pueden ayudarle a registrar y enviar sus notas de manera eficiente.

Manténgase organizado: mantenga sus notas y materiales organizados para que el proceso de documentación sea más rápido y sencillo. Tener un enfoque sistemático puede reducir significativamente el tiempo que lleva completar sus notas.

Al comprender la importancia de enviar notas oportunamente e implementar estas mejores prácticas, puede asegurarse de que su documentación sea precisa, conforme y beneficiosa para la continuidad de la atención. Las notas oportunas no sólo respaldan las necesidades inmediatas de sus clientes, sino que también contribuyen a la eficacia general y el profesionalismo de su práctica.

Guía paso a paso para escribir notas ABA

Capítulo 4

Escribir notas exhaustivas y eficaces sobre el Análisis de comportamiento aplicado (ABA) es una parte crucial de su función como RBT. Las notas detalladas y precisas no sólo ayudan a seguir el progreso del cliente sino que también garantizan la continuidad de la atención y el cumplimiento de los estándares organizacionales. En este capítulo, proporcionaremos una guía paso a paso para redactar notas ABA, asegurándonos de que sean completas y profesionales.

Paso 1: identificar al cliente

Comience sus notas identificando al cliente. Esto ayuda a mantener la claridad y la organización.

- Utilice Iniciales o Códigos: Para proteger la identidad del cliente, utilice sus iniciales o un código único en lugar de su nombre completo. Por ejemplo, "Cliente: J.D." o "Código de cliente: 1234".

Paso 2: fecha y hora

Registre la fecha y hora de la sesión. Esto proporciona un registro cronológico de las intervenciones y avances.

- Formato: utilice un formato claro y coherente, como "Fecha: 18/07/2024, Hora: 10:00 a. m. - 11:00 a. m.".

Paso 3: objetivo

Establezca claramente el objetivo de la sesión. Esto establece el contexto para las intervenciones y actividades.

- Ejemplo: "Objetivo: mejorar las habilidades de interacción social practicando el turno de turnos durante un juego de mesa".

Paso 4: Descripción de las intervenciones

Detalle las intervenciones específicas utilizadas durante la sesión. Esto proporciona un registro claro de los métodos y técnicas aplicados.

- Sea específico: incluya el nombre de la intervención y una breve descripción. Por ejemplo, "Intervención: Entrenamiento de prueba discreta (DTT): se practicó la identificación de colores mediante tarjetas didácticas".

Paso 5: Respuesta del cliente

Describa cómo respondió el cliente a cada intervención. Esto ayuda a evaluar la eficacia de las intervenciones y a planificar sesiones futuras.

- Comportamientos observables: céntrese en comportamientos y reacciones observables. Por ejemplo, "El cliente respondió positivamente a las tarjetas didácticas, identificando correctamente los colores 8 de cada 10 veces".

Paso 6: Progreso

Tenga en cuenta cualquier progreso realizado hacia los objetivos del cliente. Esto proporciona un registro del desarrollo y los logros del cliente.

- Medir el progreso: utilice medidas cuantificables siempre que sea posible. Por ejemplo, "Progreso: el cliente aumentó la identificación correcta de 6 de 10 a 8 de 10 en dos sesiones".

Paso 7: Desafíos

Registre cualquier desafío o problema que surgiera durante la sesión. Esto ayuda a identificar áreas que pueden necesitar enfoques diferentes o apoyo adicional.

- Sea honesto: documente con precisión cualquier dificultad. Por ejemplo, "Desafíos: el cliente se sintió frustrado después de la tercera prueba y necesitó un descanso de 5 minutos".

Paso 8: Próximos pasos

Describa los próximos pasos o planes para sesiones futuras. Esto proporciona continuidad y garantiza que cada sesión se base en la anterior.

- Planes futuros: especifique cualquier cambio o estrategia continua. Por ejemplo, "Próximos pasos: continuar con la TDT para la identificación de colores, incorporando descansos más frecuentes para reducir la frustración".

Paso 9: Firma

Incluya su firma y título al final de las notas. Esto valida el documento e indica quién registró la información.

- Formato: utilice un formato profesional, como "Firmado: [Su nombre], RBT".

Ejemplo de una nota ABA

Cliente: J.D.
Fecha: 18/07/2024 Hora: 10:00 a.m. - 11:00 a.m.

Objetivo:
Mejorar las habilidades de interacción social practicando el turno de turnos durante un juego de mesa.

Descripción de las intervenciones:
- Intervención: Entrenamiento de prueba discreta (DTT): se practicó la identificación de colores usando tarjetas didácticas.
- Intervención: Entrenamiento de habilidades sociales: participó en un juego de mesa por turnos.

Respuesta del cliente:
- El cliente respondió positivamente a las flashcards, identificando correctamente los colores 8 de cada 10 veces.
- El cliente se turnó durante el juego de mesa con indicaciones mínimas, lo que demostró una mayor paciencia.

Progreso:
- El cliente aumentó la identificación correcta de 6 de 10 a 8 de 10 en dos sesiones.
- Demostró mejores habilidades para tomar turnos y requirió menos indicaciones en comparación con la última sesión.

Ejemplo de una nota ABA (Parte 2)

Desafíos:
- El cliente se sintió frustrado después de la tercera prueba y necesitó un descanso de 5 minutos.
- Dificultad para mantener la concentración durante el juego de mesa después de 15 minutos.

Próximos pasos:
- Continuar con la TDT para la identificación de colores, incorporando descansos más frecuentes para reducir la frustración.
- Aumente la duración del juego de mesa gradualmente para mejorar la concentración.

Firmado: [Su nombre], RBT

Si sigue estos pasos, podrá asegurarse de que sus notas ABA sean completas, precisas y profesionales. Una documentación exhaustiva no solo respalda el progreso de sus clientes sino que también mejora la calidad y la coherencia de la atención brindada por su equipo.

Errores comunes a evitar

Capítulo 5

Al tomar notas ABA, es fundamental evitar errores comunes que puedan comprometer la calidad y utilidad de su documentación. En este capítulo, analizaremos estos errores comunes y brindaremos consejos sobre cómo evitarlos para garantizar que sus notas sean claras, precisas y efectivas.

Ser vago

Uno de los errores más comunes al tomar notas es ser vago. Las notas vagas no proporcionan la información detallada necesaria para una comunicación eficaz y una planificación de la intervención.

Para evitar esto, sea específico en sus descripciones.

- Ejemplo de vaguedad: "El cliente fue bueno".

- Versión mejorada: "El cliente siguió las instrucciones y completó la tarea sin indicaciones, demostrando una mayor independencia".

Consejos:

Describa comportamientos: en lugar de utilizar términos generales, describa comportamientos específicos. Por ejemplo, explique qué acciones o respuestas le llevaron a concluir que el cliente era "bueno".

Utilice medidas cuantificables: cuando sea posible, incluya números o porcentajes para proporcionar una imagen clara del desempeño del cliente. Por ejemplo, "El cliente siguió las instrucciones el 90% del tiempo sin indicaciones".

Usando jerga

El uso de términos técnicos o jerga puede hacer que sus notas sean difíciles de entender para otras personas que no estén familiarizadas con la terminología.

Esto puede incluir padres, cuidadores o nuevos miembros del equipo.

- Ejemplo de jerga: "El cliente presentó ecolalia durante la TDT".
- Versión mejorada: "El cliente repitió frases al terapeuta durante el entrenamiento de prueba discreta (DTT)".

Consejos:

Lenguaje sencillo: utilice un lenguaje sencillo que sea fácil de entender para cualquier persona involucrada en la atención del cliente. Por ejemplo, en lugar de "mandar", utilice "realizar solicitudes".

Definir términos: si debe utilizar un término técnico, defínalo brevemente en la nota. Por ejemplo, "Se observó ecolalia (frases repetidas)".

Incluyendo detalles irrelevantes

Incluir detalles irrelevantes puede saturar sus notas y restar valor a la información importante que es pertinente para la atención y el progreso del cliente.

- Ejemplo de irrelevancia: "El cliente usó una camisa roja hoy y habló sobre su programa de televisión favorito durante 10 minutos".
- Versión mejorada: "El cliente participó en una conversación de 10 minutos sobre su programa de televisión favorito, demostrando habilidades de conversación mejoradas".

Consejos:

Centrarse en la relevancia: incluya únicamente detalles que estén directamente relacionados con el comportamiento, las intervenciones y el progreso del cliente. Por ejemplo, "El cliente inició con éxito 3 conversaciones sobre su programa de televisión favorito".

Manténgase objetivo: evite opiniones u observaciones personales que no contribuyan a comprender las necesidades o el progreso del cliente. Por ejemplo, "El cliente parecía feliz" debe reemplazarse por "El cliente sonrió y se rió durante la sesión".

Ejemplo de nota ABA mejorada

Cliente: A.B.
Fecha: 19/07/2024 Hora: 14:00 - 15:00

Objetivo:
Aumentar la realización independiente de tareas mediante el uso de horarios visuales.

Descripción de las intervenciones:
- Intervención: Horario visual: se introdujo un horario visual con imágenes que representan cada tarea de la sesión.
- Intervención: Refuerzo positivo: se proporcionaron elogios verbales y una calcomanía por cada tarea completada.

Respuesta del cliente:

- El cliente siguió el cronograma visual y completó 5 de 6 tareas de forma independiente.
- El cliente respondió positivamente a los elogios verbales, sonriendo y mostrando el gráfico de pegatinas al terapeuta.

Progreso:

- El cliente aumentó la finalización de tareas de forma independiente de 3 de 6 a 5 de 6 tareas en una sesión.
- El cliente demostró comprensión del cronograma visual al señalar la siguiente tarea sin indicaciones.

Ejemplo de nota ABA mejorada (Parte 2)

Desafíos:

- El cliente mostró resistencia a la última tarea y requirió tres indicaciones verbales para comenzar.
- El cliente se distrajo dos veces durante la sesión y tardó más en completar las tareas.

Próximos pasos:

- Continúe usando el cronograma visual y agregue más tareas gradualmente para desarrollar la independencia.
- Introduzca un cronómetro para ayudar al cliente a mantenerse concentrado y completar las tareas dentro de un tiempo establecido.

Firmado: [Su nombre], RBT

Desglose de la nota mejorada

Objetivo:
- Indica claramente el objetivo de la sesión.

Descripción de las intervenciones:
- Especifica las intervenciones utilizadas, proporcionando suficientes detalles para que otros comprendan el enfoque.

Respuesta del cliente:
- Describe las reacciones y comportamientos del cliente en respuesta a las intervenciones.

Progreso:
- Utiliza medidas cuantificables para mostrar el progreso, como la cantidad de tareas completadas de forma independiente.

Desafíos:
- Observa las dificultades específicas que encontró el cliente y las estrategias utilizadas para abordarlas.

Próximos pasos:
- Describe el plan para futuras sesiones, asegurando la continuidad y aprovechando el progreso realizado.

Firmado:
- Incluye firma y título del RBT para validar el documento.

Al proporcionar información específica, relevante y clara, esta nota ABA mejorada garantiza que cualquiera que la lea pueda comprender el progreso del cliente, las intervenciones utilizadas y el plan a seguir. Este nivel de detalle es crucial para una comunicación eficaz y una planificación de la intervención, lo que beneficia tanto al cliente como al equipo involucrado en su atención.

Conclusión

Como RBT, sus notas desempeñan un papel crucial para garantizar el éxito de las intervenciones de sus clientes y la eficacia de la colaboración de su equipo. La documentación de alta calidad respalda la continuidad de la atención, permite un seguimiento preciso del progreso del cliente y garantiza el cumplimiento de los estándares legales y éticos. En este capítulo, recapitularemos los puntos clave cubiertos en este libro y enfatizaremos la importancia de tomar notas diligentemente en su práctica.

Resumen de puntos clave

Comprender la importancia de las notas:

- Sus notas garantizan la continuidad de la atención, lo que permite que otros miembros del equipo comprendan las intervenciones y el progreso de los clientes con los que trabaja.
- Las notas detalladas ayudan a monitorear la efectividad de las intervenciones y realizar los ajustes necesarios.
- Las notas precisas sirven como registro legal de los servicios prestados y son fundamentales en las revisiones legales o de cumplimiento.
- Son una herramienta de comunicación vital entre usted, sus supervisores y otros profesionales involucrados en la atención del cliente.

Directrices y confidencialidad de HIPAA:

- Proteja siempre la identidad y la información personal de sus clientes.
- Almacene notas de forma segura, ya sea en una ubicación física cerrada con llave o en un formato digital protegido con contraseña.
- Incluir sólo información relevante para la atención y progreso del cliente, evitando detalles innecesarios.

Puntualidad en la presentación de notas:

- Enviar notas dentro de las 72 horas garantiza que la información esté fresca en su memoria, lo que genera una documentación más precisa y detallada.
- Muchas organizaciones tienen políticas que exigen que las notas se envíen dentro de un período determinado. Esto puede variar, pero 72 horas es un estándar común.
- La presentación oportuna garantiza que otros miembros del equipo tengan información actualizada para continuar con una intervención eficaz.

Guía paso a paso para escribir notas ABA:

- Identificar al cliente mediante iniciales o un código para proteger su identidad.
- Registre la fecha y hora de la sesión.
- Establezca claramente el objetivo de la sesión.
- Detalle las intervenciones específicas utilizadas durante la sesión.
- Describa cómo respondió el cliente a cada intervención.
- Tenga en cuenta cualquier progreso realizado hacia las metas.
- Registre cualquier desafío o problema que surgiera durante la sesión.
- Describa los próximos pasos o planes para sesiones futuras.
- Incluya su firma y título.

Errores comunes a evitar:

- Sea específico en sus descripciones en lugar de ser vago.
- Evite términos técnicos que otros quizás no entiendan.
- Cíñete a la información que sea relevante para la atención y el progreso del cliente.

La importancia de tomar notas diligentemente

Su capacidad para documentar de forma eficaz es fundamental para su función como RBT.

Las notas de alta calidad contribuyen al éxito general de los planes de tratamiento de sus clientes al proporcionar:

Comunicación clara: las notas efectivas garantizan que todos los miembros del equipo estén bien informados sobre el estado actual del cliente y puedan tomar decisiones informadas sobre su atención.

Atención consistente: la documentación detallada permite la coherencia en las intervenciones, lo que ayuda a los clientes a lograr sus objetivos de manera más eficiente.

Protección legal: las notas precisas y oportunas sirven como un registro legal de los servicios prestados, protegiéndolo a usted y a su organización en caso de cualquier problema legal o de cumplimiento.

Crecimiento profesional: demostrar buenas prácticas de documentación refleja su profesionalismo y compromiso con su función, lo que impacta positivamente su desarrollo profesional.

Tomar notas diligentemente es una habilidad que requiere atención al detalle, claridad y coherencia. Si sigue las pautas y las mejores prácticas descritas en este libro, podrá asegurarse de que su documentación sea eficaz y cumpla su propósito. Recuerde, la calidad de sus notas no solo refleja su profesionalismo sino que también impacta directamente la atención y el progreso de los clientes a los que atiende.

Gracias por su dedicación a mantener altos estándares en su práctica. Su compromiso con la documentación exhaustiva y precisa es una parte esencial para brindar una atención excepcional a quienes la necesitan.

Al comprender e implementar las estrategias analizadas en este libro, puede mejorar sus habilidades para tomar notas, contribuir a la eficacia de su equipo y, lo más importante, respaldar el progreso y el bienestar de sus clientes.

ESCRIBE NOTAS A CONTINUACIÓN

Cada nota ABA debe tener un principio, un desarrollo y un final.

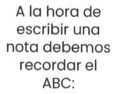

1

A - Antecedente (lo que pasó antes de que ocurriera la conducta)

2

A la hora de escribir una nota debemos recordar el ABC:

B - Comportamiento (por ejemplo, rabieta)

3

C - Consecuencia (por ejemplo, si el cliente tiene una rabieta, no puede ir al parque)

4

Las calificaciones no pueden ser subjetivas, deben ser hechos.

EJEMPLO DE NOTA ABA

Durante la sesión de terapia de hoy en (Ambiente, por ejemplo, escuela, hogar),

(Nombre del cliente) participó activamente para garantizar un ambiente positivo.

A pesar de exhibir conductas desadaptativas como (por ejemplo, rabieta), escriba al menos dos conductas que experimentó el cliente.

Las estrategias de intervención fueron implementadas rápidamente por el Técnico de Comportamiento Registrado (RBT).

Estas estrategias incluían actividades dirigidas (p. ej., seguir instrucciones). Agrega lo que trabajaste en la sesión.

Métodos de refuerzo eficaces como el uso (por ejemplo, tiempo libre). Escribe al menos 3 refuerzos.

(p. ej., Principio de Premack) Se utilizó la intervención para gestionar (nombre del cliente).

¿Funcionó la intervención?

Sí - (por ejemplo, el cliente pudo dejar de tener una rabieta cuando se aplicó el principio de Premack. Primero, el cliente detuvo la rabieta y luego recibió una calcomanía).

No, el principio de Premack no funcionó, (nombre del cliente) siguió haciendo berrinche.

(Nombre del cliente) completó con éxito sus tareas y su compromiso general cumplió con estándares satisfactorios.

La próxima sesión de terapia está programada para realizarse según lo planeado.

Lista de verificación de cumplimiento de HIPAA

Objetivo:
- Indica claramente el objetivo de la sesión.

Descripción de las intervenciones:
- Especifica las intervenciones utilizadas, proporcionando suficientes detalles para que otros comprendan el enfoque.

Respuesta del cliente:
- Describe las reacciones y comportamientos del cliente en respuesta a las intervenciones.

Progreso:
- Utiliza medidas cuantificables para mostrar el progreso, como la cantidad de tareas completadas de forma independiente.

Desafíos:
- Observa las dificultades específicas que encontró el cliente y las estrategias utilizadas para abordarlas.

Próximos pasos:
- Describe el plan para futuras sesiones, asegurando la continuidad y aprovechando el progreso realizado.

Firmado:
- Incluye firma y título del RBT para validar el documento.

Plantillas para tomar notas

Plantilla 1: Nota básica de sesión

- Cliente: [Iniciales/Código]
- Fecha: [MM/DD/AAAA]
- Hora: [Hora de inicio - Hora de finalización]
- Objetivo: [Objetivo de la sesión]
- Intervenciones: [Lista de intervenciones utilizadas]
- Respuesta del cliente: [Descripción detallada de las respuestas del cliente]
- Progreso: [Medidas de progreso cuantificables]
- Desafíos: [Descripción de cualquier problema o desafío]
- Próximos pasos: [Planificar sesiones futuras]
- Firmado: [Su nombre], RBT

Plantillas para tomar notas

Plantilla 2: Nota de progreso detallada
- Cliente: [Iniciales/Código]
- Fecha: [MM/DD/AAAA]
- Hora: [Hora de inicio - Hora de finalización]
- Objetivo: [Objetivo de la sesión]
- Resumen de la sesión: [Breve resumen de la sesión]
- Intervenciones:
  - Intervención 1: [Descripción]
  - Intervención 2: [Descripción]
- Respuesta del cliente: [Descripción detallada de las respuestas a cada intervención]
- Progreso: [Ejemplos específicos y medidas cuantificables]
- Desafíos: [Problemas enfrentados y cómo se abordaron]
- Próximos pasos: [Planificar sesiones futuras]
- Firmado: [Su nombre], RBT

Recursos para lecturas adicionales

Plantilla 2: Nota de progreso detallada
- Cliente: [Iniciales/Código]
- Fecha: [MM/DD/AAAA]
- Hora: [Hora de inicio - Hora de finalización]
- Objetivo: [Objetivo de la sesión]
- Resumen de la sesión: [Breve resumen de la sesión]
- Intervenciones:
  - Intervención 1: [Descripción]
  - Intervención 2: [Descripción]
- Respuesta del cliente: [Descripción detallada de las respuestas a cada intervención]
- Progreso: [Ejemplos específicos y medidas cuantificables]
- Desafíos: [Problemas enfrentados y cómo se abordaron]
- Próximos pasos: [Planificar sesiones futuras]
- Firmado: [Su nombre], RBT

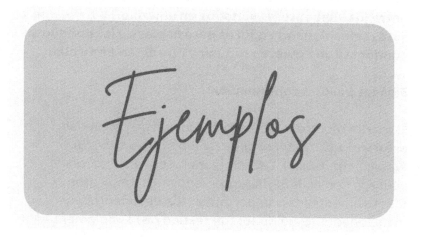

Cómo escribir una nota diaria

Elija una de estas notas y personalícela con aspectos específicos de su cliente reemplazando o seleccionando entre los elementos resaltados en amarillo. La frase que estás seleccionando aquí es para hablar de las conductas o conductas que quieren reducir y que están en su plan.

Siga los pasos a continuación:

El cliente mostró rabietas, destrucción de propiedad, estereotipos 1, autolesiones 1 (golpes en la cabeza) y agresión (patadas). Las intervenciones se aplicaron de acuerdo con el BASP. Las intervenciones detuvieron efectivamente los comportamientos desadaptativos mencionados. El cuidador fue testigo de la implementación y recibió comentarios. Se iniciaron programas de reemplazo alineados con la función de estos comportamientos.

El cliente demostró rabietas, destrucción de propiedad, estereotipo 1, autolesión 1 (golpes en la cabeza) y agresión (patadas). La intervención destinada a reducir las rabietas resultó infructuosa. Sin embargo, la intervención efectivamente interrumpió este comportamiento. En general, el cliente pudo lograr los objetivos planificados para el día.

El cliente exhibió rabietas, destrucción de propiedad, estereotipos 1, autolesiones 1 (golpes en la cabeza) y agresión (patadas). Las intervenciones se implementaron siguiendo el BASP. Además, se emplearon estrategias preventivas, reduciendo la aparición de conductas desadaptativas durante ésta sesión.

El cliente mostró rabietas, destrucción de propiedad, estereotipos 1, autolesiones 1 (golpes en la cabeza) y agresión (patadas). La intervención destinada a reducir las rabietas resultó infructuosa, mientras que la intervención interrumpió con éxito otras conductas. En general, el cliente no pudo completar los objetivos previstos para hoy.

El cliente exhibió un comportamiento de autolesión (golpearse la cabeza) y se implementó una intervención consistente para detener este comportamiento. La mayoría de las actividades fueron interrumpidas.

Las intervenciones BASP se aplicaron consistentemente para prevenir y reducir los comportamientos desadaptativos exhibidos durante la sesión de hoy.

Se implementaron intervenciones para prevenir y reducir conductas desadaptativas motivadas por la atención (rabieta). También se implementaron programas de reemplazo basados en la función desadaptativa. El comportamiento del cliente cesó, permitiéndole completar su rutina planificada.

Se implementaron intervenciones para prevenir y reducir conductas desadaptativas motivadas por el escape (incumplimiento). Se introdujeron programas de sustitución basados en la función desadaptativa, facilitando el cese de conductas desadaptativas.

Se implementaron intervenciones para prevenir y reducir la agresión, motivadas por un refuerzo tangible. Los programas de sustitución basados en la función desadaptativa también desempeñaron un papel en la reducción de este comportamiento.

Se implementaron intervenciones para prevenir y reducir las estereotipias, motivadas por estímulos sensoriales. Con frecuencia se aplicaron programas de reemplazo basados en la función desadaptativa para interrumpir este comportamiento.

El cliente hacia berrinches para escapar de las tareas. Se implementaron intervenciones que lograron detener este comportamiento.

El cliente hizo berrinches para obtener artículos tangibles. Se implementaron intervenciones que detuvieron efectivamente este comportamiento.

El cliente hacia berrinches para buscar atención. Se implementaron intervenciones y se detuvo con éxito este comportamiento.

El cliente tuvo rabietas, que fueron motivadas sensorialmente. Se implementaron intervenciones que detuvieron efectivamente este comportamiento.

La estereotipia fue el comportamiento que con mayor frecuencia interrumpió la sesión de hoy. Se implementaron intervenciones para disminuir este comportamiento. A lo largo de la sesión se empleó una gran cantidad de indicaciones y procedimientos de redireccionamiento. También se implementó el refuerzo positivo de las conductas esperadas.

El refuerzo diferencial de conductas alternativas se aplicó consistentemente durante la sesión para fomentar conductas como solicitar objetos tangibles, esperar objetos tangibles, usar la comunicación para escapar de tareas, buscar atención de manera adecuada y participar en actividades sensoriales.

El bloqueo de respuesta se utilizó para prevenir lesiones cuando el cliente mostraba autolesión o agresión física. También se utilizó para evitar que el cliente dañara objetos durante casos de destrucción de propiedad.

El ambiente se enriqueció con actividades como juegos acuáticos, música, sonidos, burbujas, crema de afeitar y actividades motoras para disminuir conductas influenciadas por factores sensoriales.

Hoy, simplifiqué, acorté y aclaré tareas para motivar al cliente a participar. Integré artículos o actividades preferidas, como juguetes y juegos, en tareas desagradables o desafiantes para reducir el incumplimiento.

Inicié tareas con pasos relativamente sencillos para crear un impulso conductual, que resultó eficaz para promover el cumplimiento.

Hoy, dividí una actividad compleja en pasos más pequeños y brindé asistencia al cliente antes de presentar la actividad, ya que era un desafío para él.

Se aconsejó al cuidador que distinguiera claramente entre opciones y directivas. El cliente respondió positivamente cuando se aclararon las reglas.

Los materiales de trabajo y refuerzos del cliente se rotaron periódicamente para evitar la aparición de conductas de escape por saciedad.

El cliente participó activamente en el desarrollo del cronograma de actividades, tomó breves descansos y organizó las tareas para hacerlas más manejables.

El cliente también tuvo la oportunidad de tomar decisiones sobre dónde y con quién realizar las actividades de la vida diaria, lo que aumentó notablemente el cumplimiento durante las tareas básicas.

Cuando el cliente permaneció concentrado, lo elogié y le recordé que podría tomar un descanso después de un cierto período de tiempo. También les recordé cuándo era apropiado rechazar una tarea.

Se emplearon declaraciones "si-entonces" para alentar al cliente a participar en actividades de baja probabilidad, como tareas, tareas académicas, cepillarse los dientes, comer alimentos no preferidos o lavarse el cabello con champú. Al completar estas tareas de baja probabilidad, el cliente adoptó un comportamiento de alta probabilidad, como jugar con el iPad.

Hoy, las transiciones se facilitaron al permitirle al cliente tiempo suficiente para reorganizarse. Se empleó un cronómetro para señalar la conclusión de una actividad y el inicio de una nueva tarea.

Se informó al cliente sobre el momento de sus actividades favoritas mediante un cronograma con imágenes o un cronómetro.

Además, se animó al cliente a participar en actividades alternativas mientras esperaba la comida, la atención de su madre, la hora de la ducha o los reforzadores deseados. Esta intervención extendió efectivamente el período de espera sin desencadenar conductas disruptivas.

Los elementos más preferidos se mantuvieron fuera de la vista o del alcance del cliente para ser utilizados exclusivamente como reforzadores durante la sesión, evitando así la saciedad.

Se le pidió al cliente que pidiera permiso antes de tomar articulos, ya que durante las salidas tiende a tocar o agarrar artículos que no está permitido.

Para evitar fugas, el cuidador y yo caminábamos del brazo con el cliente fuera de la casa y durante las salidas.

Se guió al cliente a mantener las manos quietas para respetar el espacio personal de los demás.

El cliente tuvo la oportunidad de descubrir nuevos juguetes y actividades interesantes, como música, autos rodantes, Legos, crema de afeitar, arcilla, arena, diversas texturas, sonidos, luces y actividades físicas como fútbol, baloncesto y andar en bicicleta. Estas actividades se rotaron cada 15 minutos. Como resultado, el cliente se calmó y participó en sus programas de reemplazo con niveles reducidos de asistencia.

El cliente permaneció desocupado por más de 15 minutos. Se les animó a participar en actividades sensoriales para prevenir conductas estereotipadas.

Se notaron los primeros signos de conductas desadaptativas y se recordó al cliente que utilizara métodos de comunicación enseñados para expresar sus sentimientos o deseos.

Se aplicó el refuerzo diferencial de conductas incompatibles para disuadir conductas desadaptativas. Por ejemplo, realizar actividades funcionales con las manos para evitar tocar los genitales, saltar para evitar patadas, cantar para evitar pronunciar palabras inapropiadas o gritar y atrapar burbujas para evitar morderse los labios.

Al cliente se le proporcionó una explicación sobre cuándo la atención estaría disponible y cuándo no, aclarando casos como cuándo el cuidador estaría en una llamada telefónica o cocinando, y cómo la atención estaría disponible inmediatamente después.

Durante la sesión se incorporaron abrazos y cosquillas cuando la atención del cliente decaía. Los ejercicios se integraron con la programación para ayudar al cliente a establecer contacto visual.

Elija una de estas notas y personalícela con los detalles específicos de su cliente reemplazando o seleccionando entre los elementos resaltados en amarillo. La oración que está seleccionando aquí es para discutir los programas (reemplazo) que están enseñando.

Hoy evalué los siguientes objetivos: objetivo 1 Solicitud, objetivo 2 Etiquetado, objetivo 3 Seguridad. Los resultados fueron registrados en las hojas de recolección de datos, con un cronograma de refuerzo fijado en FR-1. El cliente participó en sus programas de reemplazo para ganar objetos tangibles, elogios, comida, calcomanías y fichas. Se emplearon listas de tareas para enseñar estos programas de reemplazo. El nivel de asistencia brindada incluyó señales verbales, gestos, modelado, guía física parcial y guía física completa.

Durante la sesión de hoy evalué los siguientes objetivos: objetivo 1 Solicitud, objetivo 2 Etiquetado, objetivo 3 Seguridad. Los resultados fueron documentados en las hojas de recolección de datos, manteniendo un cronograma de refuerzo del FR-1. El cliente trabajó en sus programas de reemplazo para ganar objetos tangibles, elogios, comida, calcomanías y fichas. Se utilizó capacitación en ensayos discretos para enseñar estas habilidades, y se implementaron procedimientos de corrección de errores.

Hoy evalué los siguientes objetivos: objetivo 1 Solicitud, objetivo 2 Etiquetado, objetivo 3 Seguridad. El seguimiento de los avances se realizó a través de hojas de recolección de datos, con un cronograma de refuerzo fijado en FR-1. Como reforzadores se utilizaron objetos tangibles, elogios, comida, pegatinas y fichas. Se empleó una combinación de NET y métodos de entrenamiento de prueba discreta para enseñar habilidades, implementando técnicas de enseñanza sin errores.

Hoy evalué los siguientes objetivos: objetivo 1 Solicitud, objetivo 2 Etiquetado, objetivo 3 Seguridad. Se monitoreó el avance para seguir el desarrollo del cliente, manteniendo un cronograma de refuerzo de FR-1. Como reforzadores se utilizaron objetos tangibles, elogios, comida, pegatinas y fichas. A lo largo de la sesión se incorporaron procedimientos de modelado y refuerzo diferencial.

Durante la sesión de hoy evalué los siguientes objetivos: objetivo 1 Solicitud, objetivo 2 Etiquetado, objetivo 3 Seguridad. Los resultados fueron documentados en las hojas de recolección de datos, manteniendo un cronograma de refuerzo del FR-1. El cliente trabajó en sus programas de reemplazo para ganar objetos tangibles, elogios, comida, calcomanías y fichas. Se utilizó capacitación en ensayos discretos para enseñar estas habilidades, y se implementaron procedimientos de corrección de errores.

Hoy evalué los siguientes objetivos: objetivo 1 Solicitud, objetivo 2 Etiquetado, objetivo 3 Seguridad. El seguimiento de los avances se realizó a través de hojas de recolección de datos, con un cronograma de refuerzo fijado en FR-1. Como reforzadores se utilizaron objetos tangibles, elogios, comida, pegatinas y fichas. Se empleó una combinación de NET y métodos de entrenamiento de prueba discreta para enseñar habilidades, implementando técnicas de enseñanza sin errores.

Hoy evalué los siguientes objetivos: objetivo 1 Solicitud, objetivo 2 Etiquetado, objetivo 3 Seguridad. Se monitoreó el avance para seguir el desarrollo del cliente, manteniendo un cronograma de refuerzo de FR-1. Como reforzadores se utilizaron objetos tangibles, elogios, comida, pegatinas y fichas. A lo largo de la sesión se incorporaron procedimientos de modelado y refuerzo diferencial.

Hoy realicé evaluaciones sobre los siguientes objetivos: objetivo 1 Solicitud, objetivo 2 Etiquetado, objetivo 3 Seguridad. Se recopilaron datos. El cliente participó en sus programas dentro de un entorno estructurado y se empleó el entrenamiento de prueba discreta (DTT) para enseñar habilidades. Las indicaciones proporcionadas incluyeron objetos tangibles, elogios, comida, pegatinas y fichas. Se emplearon operaciones motivacionales para fomentar la participación del cliente en sus programas de reemplazo.

Hoy realicé evaluaciones sobre los siguientes objetivos: objetivo 1 Solicitud, objetivo 2 Etiquetado, objetivo 3 Seguridad. Los datos fueron documentados. Se reforzaron sucesivas aproximaciones al comportamiento deseado. El cliente trabajó para ganar objetos tangibles, elogios, comida, pegatinas y fichas. Se animó al cliente a concentrarse y mantener las manos preparadas para empezar a trabajar. Las indicaciones se redujeron gradualmente a medida que el cliente comenzó a participar en actividades.

Durante la sesión de hoy, evalué los siguientes objetivos: objetivo 1 Solicitud, objetivo 2 Etiquetado, objetivo 3 Seguridad. Los resultados se registraron en las hojas de recolección de datos. Además, implementé los siguientes programas: meta 4 Comer, meta 5 Ir al baño, meta 6 Rendimiento visual. Se dio un refuerzo positivo durante la implementación de estos programas. El cliente trabajó para ganar objetos tangibles, elogios, comida, pegatinas y fichas. Se utilizaron técnicas de encadenamiento hacia adelante/hacia atrás.

Se realizaron sondeos sobre los siguientes objetivos: objetivo 1 Solicitud, objetivo 2 Etiquetado, objetivo 3 Seguridad. El cliente participó en el objetivo 7 Vestir, objetivo 8 Académico, objetivo 9 Imitación vocal. El cliente tuvo o no contacto visual con los materiales presentados o con el instructor. Se proporcionaron ejemplos o indicaciones verbales para facilitar el contacto visual con los materiales o el instructor. El contacto visual se reforzó constantemente para mejorar esta habilidad.

Se realizaron sondeos sobre los siguientes objetivos: objetivo 1 Solicitud, objetivo 2 Etiquetado, objetivo 3 Seguridad. El cliente participó en el objetivo 7 Vestirse, el objetivo 8 Académico, el objetivo 9 Imitación vocal. El cliente mostró poca capacidad de atención y requirió redirección para concentrarse en las tareas. Las indicaciones se proporcionaron en una jerarquía para fomentar el cumplimiento de la programación. El refuerzo positivo en forma de elogios, pegatinas, comida o juguetes fue eficaz.

Se realizaron sondeos sobre los siguientes objetivos: objetivo 1 Solicitud, objetivo 2 Etiquetado, objetivo 3 Seguridad. El cliente participó en el objetivo 7 Vestir, objetivo 8 Académico, objetivo 9 Imitación vocal. Se proporcionaron refuerzos según su plan individualizado.

Se realizaron sondeos sobre los siguientes objetivos: objetivo 1 Solicitud, objetivo 2 Etiquetado, objetivo 3 Seguridad. El cliente participó en el objetivo 7 Vestirse, el objetivo 8 Académico, el objetivo 9 Imitación vocal. Se proporcionó refuerzo para cada aproximación hacia la conducta deseada durante el desarrollo de la conducta verbal.

Se realizaron sondeos sobre los siguientes objetivos: objetivo 1 Solicitud, objetivo 2 Etiquetado, objetivo 3 Seguridad. El cliente participó en el objetivo 7 Vestir, objetivo 8 Académico, objetivo 9 Imitación vocal. Se proporcionó refuerzo para cada aproximación a la habilidad deseada durante el desarrollo de las habilidades enseñadas como parte de los programas de reemplazo.

Elija una de estas notas y personalícela con los detalles específicos de su cliente reemplazando o seleccionando entre los elementos resaltados en amarillo. La oración que está seleccionando aquí es para discutir los cambios en el entorno que afectaron el comportamiento del cliente durante la sesión.

Los cambios ambientales afectaron el comportamiento del cliente durante la sesión de hoy.

El cliente comenzó a tomar un nuevo medicamento, lo que generó resistencia en el cumplimiento de las demandas.

Había visitas presentes en casa, lo que provocaba que el cliente se distrajera durante las actividades.

El cliente tenía una cita con el médico/dentista hoy y se resistió a participar en las actividades.

El cliente se enfermó hoy y necesitó mucha ayuda para completar las tareas.

El cliente regresó de un viaje familiar y experimentó dificultades para concentrarse en las actividades.

Hoy, el ambiente estaba abarrotado y el cliente tuvo dificultades para seguir su rutina.

El cliente experimentó dificultades para dormir anoche, lo que le provocó dificultades para satisfacer las demandas durante su rutina.

Hoy no se observaron alteraciones en el medio ambiente.

Elija una de estas notas y personalícela con los detalles específicos de su cliente reemplazando o seleccionando entre los elementos resaltados en amarillo. La frase que estás seleccionando aquí es para discutir la generalización y mantenimiento de las conductas a reducir o aumentar.

Hoy se utilizaron múltiples instancias de estímulos.

Los reforzadores fueron dispensados por los cuidadores (nombres o ejemplos: abuela, madre, maestra, hermano, amigo).

La intervención se administró tanto en casa como en el parque, donde normalmente se manifiestan las conductas destinadas a la reducción.

Se realizaron ejercicios de juego de roles con los cuidadores para facilitar la transferencia de las habilidades aprendidas en entornos estructurados al entorno natural del cliente.

La intervención se llevó a cabo en casa y en el parque, donde se implementan naturalmente comportamientos de reemplazo.

Siéntase libre de incluir si fueron al parque o cualquier lugar donde el cliente podría haber interactuado con otros niños, o incluso si tuvieron la oportunidad de hacerlo en casa porque había primos o visitas; comentarios como estos:

El cliente evitó relacionarse con compañeros de su misma edad. Se emplearon manipulaciones de antecedentes para alentar al cliente a compartir juguetes, turnarse, hacer contacto visual, iniciar interacciones, prestar atención al comportamiento de otros niños, responder preguntas y hacer preguntas.

El cliente interactuaba con otros niños pero tenía dificultades para compartir juguetes, turnarse, hacer contacto visual, iniciar interacciones, prestar atención al comportamiento de otros niños, responder preguntas y hacer preguntas. El cliente recibió el apoyo necesario para practicar las habilidades deficientes.

El cliente estaba presente entre otros niños pero no les prestó atención y jugó solo. Fueron redirigidos para demostrar las habilidades sociales enseñadas durante la sesión.

El cliente exhibió conductas disruptivas con otros niños y se implementaron las intervenciones descritas en el BASP. El cliente fue redirigido para practicar habilidades sociales como parte de su programa de reemplazo.

El cliente hizo contacto visual e intentó iniciar interacciones con otros niños. El cliente se vio reforzado por la interacción de los otros niños.

El cliente estableció contacto visual e hizo esfuerzos para iniciar interacciones con los niños. Fueron reforzados con elogios y la atención de los demás.

Elija una de estas notas y personalícela con los detalles específicos de su cliente reemplazando o seleccionando entre los elementos resaltados en amarillo. La frase que estás seleccionando aquí es para discutir lo que hay que trabajar en la próxima sesión.

En la siguiente sesión el tratamiento debe priorizar la reducción (estereotipia).

En la siguiente sesión, el tratamiento debe concentrarse en mejorar (contacto visual/mando/etiquetado/intraverbal/habilidades de espera/cumplimiento/tiempo dedicado a la tarea/seguimiento de instrucciones).

El objetivo del tratamiento de la próxima sesión debe ser disminuir la dependencia inmediata.

El tratamiento de la próxima sesión debe tener como objetivo fomentar la ejecución independiente de tareas por parte del cliente.

El tratamiento en la siguiente sesión se desarrollará de acuerdo con la intervención planificada descrita en el BASP.

Ha surgido un nuevo comportamiento que será monitoreado y documentado en la próxima sesión.

Extras

EJEMPLOS DE NOTAS RBT

LAS NOTAS RBT DESEMPEÑAN UN PAPEL CRUCIAL EN LA PRESTACIÓN DE SERVICIOS DE ANÁLISIS DE COMPORTAMIENTO EFICACES Y DE ALTA CALIDAD, FACILITANDO LA COMUNICACIÓN, LA RENDICIÓN DE CUENTAS Y LA TOMA DE DECISIONES BASADA EN EVIDENCIA.

LAS NOTAS RBT SON IMPORTANTES PORQUE:

PROGRESO DE LAS PISTAS:
LOS RBT DOCUMENTAN EL PROGRESO DEL CLIENTE A LO LARGO DEL TIEMPO, INCLUIDAS MEJORAS, DESAFÍOS Y CAMBIOS DE COMPORTAMIENTO.

INFORMA TRATAMIENTO:
LAS NOTAS AYUDAN A INFORMAR EL DESARROLLO Y AJUSTE DE LOS PLANES DE INTERVENCIÓN DE COMPORTAMIENTO (BIP) PARA SATISFACER MEJOR LAS NECESIDADES DEL CLIENTE.

FACILITA LA COMUNICACIÓN:
PERMITIR UNA COMUNICACIÓN EFECTIVA ENTRE LOS RBT, LOS SUPERVISORES Y OTROS MIEMBROS DEL EQUIPO INVOLUCRADOS EN LA ATENCIÓN DEL CLIENTE.

GARANTIZA EL CUMPLIMIENTO:
UNA DOCUMENTACIÓN ADECUADA GARANTIZA EL CUMPLIMIENTO DE LOS ESTÁNDARES LEGALES Y ÉTICOS, PROTEGIENDO TANTO AL CLIENTE COMO AL RBT.

APOYAR LA TOMA DE DECISIONES:
LAS NOTAS RBT PROPORCIONAN DATOS VALIOSOS PARA TOMAR DECISIONES INFORMADAS SOBRE EL TRATAMIENTO Y EL PROGRESO DEL CLIENTE.

PROMUEVE LA RESPONSABILIDAD:
AL DOCUMENTAR OBSERVACIONES E INTERVENCIONES, LAS NOTAS DEL RBT PROMUEVEN LA RESPONSABILIDAD POR LAS ACCIONES DEL RBT Y AYUDAN A RASTREAR EL CUMPLIMIENTO DE LOS PLANES DE INTERVENCIÓN DE COMPORTAMIENTO Y LAS PAUTAS ÉTICAS.

EJEMPLOS DE NOTAS RBT

EJEMPLO #1: DURANTE LA SESIÓN DE HOY CON EL INDIVIDUO, FUE OBSERVADO SENTADO EN UNA SILLA UBICADA EN LA SALA DE ESTAR AL LLEGAR DEL TERAPEUTA AL HOGAR. CUANDO SE LE ACERCÓ PARA CHOCAR ESOS CINCO COMO SALUDO INICIAL, EL INDIVIDUO PUDO DEVOLVER EL SALUDO DE FORMA INDEPENDIENTE Y APROPIADA. DESPUÉS DE HABLAR CON EL CUIDADOR, EL INDIVIDUO PARECE TENER UNA PICADURA DE INSECTO EN LA PIERNA, LO QUE RESULTÓ EN LA OCURRENCIA DE VARIOS COMPORTAMIENTOS DESADAPTADOS A LO LARGO DEL DÍA. CUANDO SE LE INSTRUYÓ A TOMAR ASIENTO EN EL ÁREA DESIGNADA, EL INDIVIDUO INMEDIATAMENTE COMENZÓ A REALIZAR UNA ACTIVIDAD FÍSICA PELIGROSA, COMO SUBIRSE A LA PARTE SUPERIOR DEL BOLSO DE PUF. LA INTERVENCIÓN PARA ESTE COMPORTAMIENTO IMPLICÓ INTERRUMPIR EL COMPORTAMIENTO CON ORIENTACIÓN FÍSICA, LO QUE PREVIÓ LESIONES. UNA VEZ ESTABLECIDOS, EL INDIVIDUO Y EL TERAPEUTA PUDIERON COMENZAR A TRABAJAR EN ACTIVIDADES QUE TIENEN OBJETIVO SEÑALAR Y SOLICITAR ELEMENTOS QUE EL INDIVIDUO DESEABA VERBALMENTE. LO PUDIERON HACER ADECUADAMENTE Y UNA VEZ COMPLETADA LA ACTIVIDAD EN SU TOTALIDAD, SE PROPORCIONÓ REFUERZO DE INMEDIATO. EL INDIVIDUO DE FORMA VERBAL E INDEPENDIENTE SOLICITÓ SENTARSE EN EL PUF PARA UN DESCANSO, Y SE LE CONCEDIÓ EL ACCESO COMO REFUERZO.

EJEMPLO #2: PARA LA SESIÓN DE HOY CON EL CLIENTE, DAVID, EL TERAPEUTA ENTRÓ A LA CASA Y LE OFRECIÓ UN SALUDO. ESTO RESULTÓ QUE EL INDIVIDUO SER OBSERVADO GRITAR, CARACTERIZADO POR HACER RUIDOS A VOLUMEN EXTREMADAMENTE ALTOS Y NO PERMITIR QUE OTROS EN EL HOGAR PARTICIPEN EN CONVERSACIONES. EL TERAPEUTA UTILIZÓ LA INTERRUPCIÓN COMO INTERVENCIÓN PARA ESTE COMPORTAMIENTO, INTERCAMBIÓ EXITOSAMENTE SALUDOS CON EL INDIVIDUO Y LO ANIMÓ A COMENZAR A TRABAJAR EN ACTIVIDADES PARA ACCEDER AL OBJETO DE REFUERZO QUE PUEDE SOLICITAR VERBALMENTE UNA VEZ COMPLETADAS LAS ACTIVIDADES REALIZADAS. ADEMÁS, DURANTE LA REALIZACIÓN DE ESTAS ACTIVIDADES PRESENTADAS EN EL ÁREA DE TRABAJO, SE OBSERVÓ AL INDIVIDUO GRITAR, DESCRITO COMO REALIZAR VOCALIZACIONES FUERTES A VOLUMEN EXCESIVAMENTE ALTO Y CONTINUAR HACIENDO LO QUE OTROS INTENTABAN HABLAR CON EL. LA IGNORACIÓN PLANIFICADA SE UTILIZÓ COMO INTERVENCIÓN PARA GRITAR POR ESTE COMPORTAMIENTO MALADAPTADO EN ESTE INSTANCIA. EL TERAPEUTA Y EL INDIVIDUO TRABAJARÁN JUNTOS PARA CONTINUAR TRABAJANDO HACIA LA CUMPLIMIENTO DE LA META Y LOGRAR UN PROGRESO CONSTANTE.

EJEMPLO #3: PARA COMENZAR LA SESIÓN DE HOY ENTRE EL TERAPEUTA Y EL CLIENTE, EL TERAPEUTA ENTRÓ A LA CASA Y OBSERVÓ AL CLIENTE SUBIRSE A LA MESA DEL COMEDOR PARA RECUPERAR UN JUGUETE QUE HABÍA GUARDADO EL CUIDADOR. ESTE COMPORTAMIENTO OBSERVADO POR EL CLIENTE CONSTITUYE UNA INSTANCIA DE CONDUCTA FÍSICA INSEGURA, PARA LA CUAL EL TERAPEUTA UTILIZÓ LA INTERRUPCIÓN DEL COMPORTAMIENTO CON ORIENTACIÓN FÍSICA COMO INTERVENCIÓN. LUEGO EL TERAPEUTA SENTÓ ADECUADAMENTE AL CLIENTE, PREVINIENDO CUALQUIER POSIBLE DAÑO CORPORAL. UNA VEZ ESTABLECIDO, EL TERAPEUTA SALUDÓ AL CLIENTE Y UTILIZÓ DECLARACIONES SI/ENTONCES PARA FACILITAR LA TRANSICIÓN HACIA COMPLETAR TAREAS COMO EMPAREJAR OBJETOS SIMILARES, ETIQUETAR OBJETOS DEL HOGAR Y EMPAREJAR NÚMEROS. CON LA ASISTENCIA DEL TERAPEUTA DURANTE LA REALIZACIÓN DE DIVERSAS ACTIVIDADES, EL CLIENTE COMPLETÓ CON ÉXITO TODAS LAS TAREAS SIN PRESENTAR COMPORTAMIENTOS MALADAPTADOS. COMO REFUERZO, SE PROPORCIONÓ AL CLIENTE SUS JUGUETES Y COCHES FAVORITOS PARA JUGAR DURANTE EL RESTO DE LA SESIÓN.

EJEMPLO #4: AL INICIO DE LA SESIÓN DE HOY CON EL CLIENTE, EL TERAPEUTA FUE BIENVENIDO A LA CASA POR EL CLIENTE, QUIEN SE ACERQUE INDEPENDIENTEMENTE PARA CHOCAR ESOS CINCO COMO INTERCAMBIO DE SALUDO INICIAL. EL CLIENTE FUE REFORZADO POR ESTE COMPORTAMIENTO Y AMBOS PROCEDIERON A LA TRANSICIÓN AL ÁREA DE TRABAJO DESIGNADA PARA COMENZAR LAS TAREAS DIARIAS DIRIGIDAS A MEJORAR LOS COMPORTAMIENTOS Y HABILIDADES DE REEMPLAZO. MIENTRAS PARTICIPABA EN UNA ACTIVIDAD DE ROMPECABEZAS, EL CLIENTE EXHIBIÓ VARIOS COMPORTAMIENTOS DESADAPTATIVOS, INCLUIDO UN COMPORTAMIENTO FÍSICO INSEGURO, COMO PARARSE EN SU SILLA Y SALTAR, SEGUIDO DE TARAREAR. PARA ABORDAR ESTOS COMPORTAMIENTOS Y MINIMIZAR SU OCURRENCIA DURANTE EL RESTO DE LA SESIÓN, LAS INTERVENCIONES INCLUYERON LA INTERRUPCIÓN DEL COMPORTAMIENTO CON ORIENTACIÓN FÍSICA Y REFUERZO DIFERENCIAL DEL COMPORTAMIENTO INCOMPATIBLE (DRI) PARA ANIMAR AL CLIENTE A PARTICIPAR EN RESPONDER PREGUNTAS ABIERTAS. EL TERAPEUTA MANTENDRÁ UN ENFOQUE EN COLABORAR CON EL CLIENTE PARA LOGRAR METAS.

Behavior	Intervention	Implementation	Reinforcer	Implementation
Difficulty with Transitions	Visual Schedule	Create a visual timeline of activities.	Token Economy	Earn tokens for following the schedule.
	Timer/Cue for Change	Set a timer to signal upcoming transitions.	Preferred Activity	Time with a favorite toy after a smooth transition.
	First-Then Schedule	Show a preferred activity following a task.	Positive Reinforcement	Praise for following the schedule.
	Transition Objects	Provide a transitional object (e.g., a toy or photo).	Preferred Activity	Allow the child to hold or look at the object during transitions.
Difficulty with Social Skills	Social Stories	Develop stories teaching social skills.	Peer Modeling	Have peers model appropriate social behaviors.
	Social Skills Groups	Group activities focusing on social interactions.	Social Interaction	Playtime with peers.
	Role-playing	Act out social scenarios to practice skills.	Positive Reinforcement	Praise for successful role-playing.
	Video Modeling	Use videos to show desired social behaviors.	Preferred Activity	Watch a short video after modeling desired behavior.
Sensory Sensitivities	Sensory Diet	Plan sensory activities throughout the day.	Preferred Sensory Item	Use of a weighted blanket, fidget

				toy, or sensory ball.
	Quiet Space for Calm	Designate a calm area with soft lighting and quiet.	Sensory Break	Time away from overwhelming stimuli.
	Sensory Integration Therapy	Engage in structured sensory activities with an OT.	Positive Reinforcement	Praise for participating in therapy.
	Sensory Friendly Environment	Create a sensory-friendly space with muted colors and soft textures.	Preferred Activity	Engage in activities in the sensory-friendly space.
Repetitive Behaviors (Stimming)	Replacement Behavior Training	Teach alternative behaviors to replace stimming.	Positive Reinforcement	Praise or token for using the alternative behavior.
	Redirection to Task	Redirect focus to a task or activity.	Preferred Activity	Redirect to a preferred activity.
	Occupational Therapy	Engage in activities to address sensory needs.	Token Economy	Earn tokens for participating in therapy.
	Exercise or Physical Activity	Provide opportunities for physical movement or exercise.	Preferred Activity	Time at the playground or a physical game.
Non-compliance	Choice Making	Offer choices within predetermined limits.	Token Economy	Earn tokens for making a choice.
	Behavioral Contracts	Set clear expectations and rewards for compliance.	Preferred Activity	Engage in a chosen activity after meeting contract terms.
	Time-out	Use as a last resort to remove	Positive Reinforcement	Return to preferred activity

		from reinforcing environment.		after time-out and calm.
	Visual Prompting	Use visual cues or prompts to guide behavior.	Positive Reinforcement	Praise for following visual prompts.
Difficulty with Communication	AAC Device/Visual Supports	Use visual aids or AAC devices to support communication.	Positive Reinforcement	Praise for using communication device or picture.
	Speech Therapy	Engage in speech exercises and activities.	Preferred Activity	Time with a favorite toy after therapy.
	Sign Language	Teach basic signs to supplement verbal communication.	Positive Reinforcement	Praise or token for using sign language.
	Picture Exchange Communication System (PECS)	Implement PECS for non-verbal communication.	Preferred Activity	Engage in a chosen activity using PECS.
Tantrums/Meltdowns	Calm Down Corner	Create a designated calming area with sensory items.	Preferred Activity	Calm activity post-meltdown.
	Deep Breathing Exercises	Teach deep breathing to help regulate emotions.	Token Economy	Earn tokens for practicing deep breathing.
	Visual Emotion Cards	Use cards to help identify and express emotions.	Positive Reinforcement	Praise for using emotion cards effectively.
	Progressive Muscle Relaxation	Guide the child through tensing and relaxing muscle groups.	Preferred Activity	Time with a favorite toy after relaxation exercise.
Aggression/Property Destruction	Functional Behavior Assessment (FBA)	Conduct an FBA to understand triggers and functions of behavior.	Token Economy	Earn tokens for appropriate behavior.

	Behavior Intervention Plan (BIP)	Develop a BIP based on FBA to address aggressive behaviors.	Preferred Activity	Engage in a preferred activity instead of aggression.
	Proximity Control	Use physical proximity to redirect or prevent aggressive behaviors.	Positive Reinforcement	Praise for appropriate behavior near others.
	Replacement Behaviors	Teach alternative ways to communicate needs or frustrations.	Preferred Activity	Use replacement behaviors instead of aggression.

Key:

- **Visual Schedule:** A visual representation of daily activities or tasks.

- **Timer/Cue for Change:** Using a timer or cue to signal transitions or changes.

- **First-Then Schedule:** Show a preferred activity following a task to motivate compliance.

- **Token Economy:** A system where tokens or points are given for desired behaviors and can be exchanged for rewards.

- **Positive Reinforcement:** Providing rewards or praise to increase the likelihood of a desired behavior.

- **Preferred Activity:** An activity or item that the child enjoys.

- **AAC Device:** Augmentative and Alternative Communication device.

- **OT:** Occupational Therapy.

***Adjustments may be necessary based on the child's unique needs and preferences. ***

Hoja de sesión RBT/Tabla de datos

Información del cliente:

Nombre del cliente: _____ Fecha: _____

Hora de la sesión: _____ Nombre de RBT: _____

Configuración:

casa
escuela
clínica

Comunidad
Otro: _____

Felicitaciones:

elogio dado

No se dan cumplidos

Comportamientos observados (marque todos los que correspondan):

dificultad con las transiciones
dificultad con las habilidades
sociales
Sensibilidades sensoriales
Comportamientos repetitivos
(estimulación)
Agresión/Destrucción de propiedad
Otro: _____

Incumplimiento
Decollated con la
comunicación
Berrinches/crisis

Usado (Marque todo lo que corresponda):

horario visual
temporizador/señal de cambio
Horario primero-después
Historias sociales
Modelado entre pares
dieta sensorial
espacio tranquilo para la calma
Entrenamiento de conducta de reemplazo
Toma de decisiones
Contratos de comportamiento
dispositivo AAC/soportes visuales

Terapia del lenguaje
Lenguaje de señas Rincón de la
calma Ejercicios de respiración
profunda Tarjetas de emociones
visuales Evaluación de conducta
funcional (FBA) Plan de intervención
de conducta (BIP) Control de
proximidad Otro: _____

Respuestas (marque todas las que correspondan):

respuesta positiva
respuesta neutral

Respuesta
Negativa
Ninguna respuesta

Cambios ambientales:

iluminación ajustada
nivel de ruido modificado
herramientas/juguetes sensoriales usados

Configuración de
actividad modificada
Otro: _____

Recopilación de datos:

Tiempo:	Comportamiento:	Tasa:	Frecuencia:	Notas:

Notas de la sesión:

Firmas:

RBT: _____ **Fecha:** _____

Supervisor: _____ **Fecha:** _____

¿NECESITAS AYUDA ADICIONAL?

Recursos recomendados:

https://nandebehavioral.com/pages/free-rbt-resources

Funciones gratuitas:

https://nandebehavioral.com/pages/free-downloads

Made in the USA
Coppell, TX
16 December 2024

42817361R00046